V'LA LE PORT!

par

VICTOR GRENIER

Prix : 1 franc 25

Typ. Th. Cazal. Saint-Denis, (Réunion)

1877

V'LA LE PORT !

— o —

Le vingt-deux octobre dernier, le paquebot-poste des messageries maritimes « Godavéry » mouillait sur la rade de Saint-Denis vers trois heures du matin. Il avait à son bord, comme passager, l'illustre ambassadeur de Saint-Paul, lequel revenait dans sa patrie d'élection avec les ingénieurs chargés d'étudier le projet définitif du chemin de fer et du port de la Pointe des Galets.

On lisait en effet sur la liste des passagers affichée au bureau du port, les noms qui suivent : MM. les ingénieurs Blondel, Lecullier, Dubois et Fleury — MM. les conducteurs de la Grossière, Guillermin, Saulgrain, Lyon, Lenourrichel et Pelissier — M. Chanier comptable etc., etc. — puis venait le nom brillant de M. Drouhet qu'on n'avait fait suivre d'aucun titre particulier. Diable ! Est-ce que l'illustre représentant de la canarderie St-Pauloise serait revenu bredouille ? — J'en ai bien peur, l'ingratitude des hommes est si grande par le temps qui court ! M. Lavalley a peut-être oublié de faire une position importante et largement lucrative à l'éminent citoyen dont l'immense influence a décidé le parlement à voter la garantie demandée pour l'entreprise du port et du chemin de fer de la Pointe des Galets.

Ce serait cruellement injuste, car tout le monde sait, au « Nouveau Salazien, » que c'est bien M. Drouhet, et lui seul, qui a entraîné la majorité de la chambre des députés et l'unanimité du sénat dans le vote de cette loi de garantie financière à laquelle personne ne voulait croire, et qui est actuellement un fait acquis. Beaudonis affirme cela, et les électeurs les plus influents du Camp Ozoux sont convaincus de la chose. Doutez après cela de l'influence européenne de M. Drouhet !On dit souvent dans le cercle de ses intimes, que ce grand homme a eu tort de revenir si tôt à Bourbon, s'il était resté quelques jours de plus à Paris, la France démocratique et radicale aurait jeté les yeux sur lui pour remplacer M. Thiers. Quel beau prétendant à la Présidence nous aurions eu là. Il ne faut pas rire, rien n'égale l'incommensurable aveuglement de certaines gens à l'endroit du mérite qu'ils accordent à cet homme, dont ils ont fait leur idole. Retournez donc en France, M. Drouhet, notre petite Colonie n'est pas digne de recueillir vos os : allez sur le grand théâtre de Versailles trouver l'emploi de vos éminentes facultés ! vous y étiez, pourquoi donc êtes vous revenu ?

Ce qu'il y a de certain, c'est que le 23 octobre dernier, M. Drouhet était débarqué du *Godavery* à quatre heures du matin, sans tambour ni trompette, se dérobant modestement aux ovations enthousiastes que ses amis auraient pu lui faire, et qu'il aurait pu achever dans son lit, comme un simple mortel, le sommeil qu'il avait commencé à bord. Ceux qui sont venus le féliciter de son heureuse arrivée, ont pu le trouver affublé de son bonnet de nuit.

Cependant ce monstre que les poëtes ont composé de bouches et d'oreilles, la Renommée avait déjà répandu jusqu'à St-Paul la nouvelle de l'arrivée du citoyen Drouhet et des ingénieurs du port. Les agents du télégraphe qui avaient reçu des instructions à cet égard n'avaient pas manqué d'informer M. Crestien de cet heureux évènement.

A trois heures et quart du matin pendant que les illustres voyageurs étaient encore à bord du Godavery, on recevait à St-Paul le télégramme suivant :

A Millet et Crestien.

Malle arrive portant quatre ingénieurs, six conducteurs et comptable pour port et chemin de fer. Plus Drouhet par dessus le marché. All Right !

Ce télégramme fut immédiatement porté chez Gilles Grosse Panse, le maire Pingouin, son Copin, étant alors souffrant d'une affection érésipélateuse.

Heureux Gilles ! Dans un costume léger, approprié aux exigences du climat, il dormait du sommeil des innocents, les deux mains posées sur sa vaste bedaine. Sa large poitrine laissait échapper un ronflement profond qui troublait le repos des voisins d'alentour. Sa large machoire, digne de figurer dans un combat contre les Philistins, semblait macher et remacher quelque production mal digérée de la veille. Bref l'aspect d'un ruminant à deux pieds et sans plume, ronflant comme un blaireau.

Par intervalle, le ronflement cessait, et un sourire illuminait la face de l'illustre dormeur. Alors les rêves d'or, par la porte d'ivoire, venaient en foule à son chevet, et en chantant sur l'air de « va t'en voir s'ils viennent Jean, » lui promettaient la gloire, les honneurs et la fortune.

Il avait vu d'abord les neuf sœurs du Parnasse, lui faisant chacune des agaceries et l'engageant à les suivre dans le sacré vallon. Melpomène lui donnait le conseil d'imprimer à la suite des œuvres de Dayot son admirable et tragique production de « la Nuit Terrible ; » Thalie l'engageait à ne pas oublier les vers comiques et les sonnets burlesques qu'il a fait composer en son honneur par le pauvre St Amand ; enfin Terpsychore elle même voulait le faire danser ; mais le prudent Gilles Grosse-Panse s'excusait sur son obésité notoire.

Non ! dit alors Clio, — il ne faut pas que celui dont je m'apprête à écrire le nom au livre de mémoire puisse être appelé un maladroit sauteur. Envier la gloire vulgaire des baladins ! fi donc ! Il a quelque chose de plus grave à faire : qu'il donne suite à son idée lumineuse de conduire la marche funèbre du cercueil de Dayot.

Le cercueil est déjà fait. En décembre prochain le jour de l'anniversaire de la mort du par ses os, qu'on portera à un tombeau construit dans le nouveau cimetière. On traversera avec pompe toutes les rues de Saint-Paul. Les coins du poêle seront tenus, 1o par Gilles lui-même, 2o par le citoyen Millet maire, 3o par St-Amand exerçant la profession de poète, 4o enfin par le vieux Pa-Julien, l'ancien domestique de Dayot, qui trouvera peut-être un peu drôle tous ces honneurs qu'on rend tardivement à son pauvre maître qu'on a laissé mourir de misère et de faim, et qui, pour son compte personnel peut se plaindre aussi de ses admirateurs platoniques qui l'accablent d'honneurs, et de louanges en le laissant quelquefois manquer de riz dans sa case.

Après la disparition des muses, la scène change : Gilles se détire gracieusement les membres et se tourne sur le flanc droit. Dans cette élégante position, il voit venir à lui son puissant ami, le citoyen François de Mahy, notre ex-représentant à la chambre des députés en l'honneur duquel il a fait un si beau discours le soir du fameux punch St-Paulois offert par lui et son ami Jean à la fleur des pois du radicalisme colonial. Le citoyen de Mahy tient à la main une croix de la légion d'honneur surmontée d'un superbe ruban rouge qu'il offre au tabellion St-Paulois: Accepte dit-il cette décoration que tu dois à mes démarches incessantes dans les bureaux du ministère. Ainsi que ton ami Jean, nous t'avons fait décorer, pour les services futurs que vous le, en attendant, je compte sur votre concours, à vous deux, toutes les fois que j'aurai besoin de vous pour quelques petites choses. Vous le savez, mes amis, une main lave l'autre, et c'est en se soutenant réciproquement que nous pourrons parvenir à fonder une république aimable et intéressante pour tous les frères et amis. Sur ce, mon gros bonhomme, te voilà chevalier, et promu aux honneurs et aux dignités humaines.

Merci! dit alors l'obèze tabellion St-Paulois, merci! fils radical de St-Pierre, vous pouvez compter sur nous à la vie à la mort; nous n'oublierons jamais que nous sommes vos obligés, et vous nous trouverez toujours prêts à prendre votre défense, je vous le promets en mon nom et en celui de mon noble ami Jean dit maire Pingouin, roi des panaches, à cause de la toquade qu'il a pour les plumes, galons, rubans et aux brimborions honorifiques de même farine.

Tout cela est bel et bon dit à son tour le citoyen Pallu de la Barrière, arrivant à son tour sur le dos d'une lame écumeuse,—tout cela est bien, mais, mon bonhomme, la gloire littéraire, les honneurs et les rubans ne te fourniront pas de quoi faire bouillir la marmite, si tu ne trouves pas le moyen de te procurer en quantité convenable ce métal précieux qui métamorphose une bête en homme d'esprit, et fait saluer les coquins par les honnêtes gens : il te faut de l'argent, et ton métier de tabellion ne t'en procure guère. Eh bien je vais te faire gagner des millions tu auras tous les actes nécessaires à l'établissement du port et du chemin de fer : licitations, ventes, adjudications, requêtes, régularisations etc., tu auras tout cela, en me jurant de me prêter ton concours.

— C'est juré ! répondit Gilles, et il levait la main vers le ciel pour prendre Dieu à témoin de son serment, quand soudain il est réveillé par des coups redoublés qui ébranlent la porte de sa chambre.

— Qui va là ! exclame le gros Gilles.

— Télégramme de nuit, répond le facteur du télégraphe.

— Entrez

— Voici. — Malle arrivée — Dronhet porte ingénieurs pour port et chemin de fer.

Malheureux ! dit Gilles au facteur, tu m'as réveillé au moment où je faisais les rêves les plus enchanteurs ; mais je te pardonne facilement, car tu m'apportes la réalité, c'est ma fortune que tu m'annonces dans ce télégramme.

— Pas possible !

— Rien de plus vrai ! Licitations, ventes régularisations, nombreuses considérables, j'aurai tout cela. Mes ingénieurs sont là et j'ai mon port.

— Où cela ?

— Dans ma poche ! Et je tiens mes millions.

— Où cela ?

— A la Pointe des gallets — mais, cours donc malheureux ! va porter la dépêche au maire et conte lui la grande nouvelle. Il est aussi intéressé dans la question, il sera le médecin major du port et du chemin de fer qui auront souvent besoin d'un fameux médecin. Ce sera une fort bonne place bien rétribuée ! — Mais cours donc malheureux !

— Oui Monsieur ! Je vais porter la grande nouvelle : M. Drouhet amène licitations, ventes, régularisations, plusieurs millions dans un port, avec médecin major.

— Non ! Il amène les ingénieurs pour mon port et mon chemin de fer.

— Bien ! Je comprends, je vais dire à M. le maire que M. Drouhet vous a amené des ingénieurs que vous mettrez dans votre poche, pour faire un port.

— Va t'en, imbécile, je vais moi-même trouver le maire, et prendre ses ordres.

En moins de quelques secondes le gros Gilles s'était jeté à bas du lit avait fait sa toilette, et se rendait tout enharnaché chez son ami le maire Pingouin. En arrivant, il se met à crier : victoire ! victoire ! l'avenir est à nous, l'éminent Tarratantara vient d'arriver à Saint-Denis avec les ingénieurs chargés de construire notre port et notre chemin de fer — voici ce télégramme qui m'apprend cette importante nouvelle.

— Je suis informé de tout cela, répondit tristement le maire Pingouin ; mais hélas ! il n'y a pas lieu pour nous de chanter victoire ; m'est avis au contraire que nous sommes complètement cassés, vous, moi et le grand Tarratantara lui-mê-

— Comment ? fit Gilles grosse panse en changeant de couleur, — nous ne pouvons plus dire « all right ? »

— Loin de là, mon cher Tabellion. — Les ingénieurs sont arrivés, mais notre Pallu n'est plus rien dans l'opération et comme c'est sur lui que nous comptions pour arranger nos petites affaires, il s'en suit que sa retraite entrainera nécessairement la nôtre.

— Mais que s'est-il donc passé ? — Comment notre ami Pallu s'est-il laissé escamoter ?

— La chose est certaine : j'ai un rapport de Tarratantara : Pallu a vendu sa position à M. Molinos pour prix et somme de cent vingt cinq mille francs, et il n'a rien stipulé pour nous.

— Le traître, il a vendu ses frères. Ah, désolation de l'abomination. Nous faisons naufrage en touchant au port, c'est le cas de le dire : nous serons livrés aux railleries et aux quolibets de nos ennemis. Quelle figure ferons-nous en passant dans les rues ? — Il faudra nous cacher.

— Non, mon cher Tabellion, tu te désoles ainsi, parce que tu oublies que nous avons pour chef de file le grand Tarratantara, c'est-à-dire le pèlerin le plus entêté, le plus tenace et le plus coriace de la création. Comme les chats qu'on jette d'un troisième étage, il retombe sur ses pattes. Quand on le met à la porte, il revient par la fenêtre. Avec lui, il ne faut jamais désespérer ; suivons le conseil qu'il nous donne : faisons tête à l'orage ; feignons d'être très-satisfaits : si nous les chefs de notre grande entreprise. Conduisons notre barque avec prudence et habileté. Il ne faut peut-être pas complètement se désespérer. Accaparons les ingénieurs qui viennent d'arriver, Tarrantantara les a suivis, et pour cause ; entourons les de soins, qu'ils aient besoin de nous, et nous retrouverons peut-être la position que la retraite de Pallu menace de nous faire perdre.

— Jean Pingouin, mon maître, vous êtes un grand politique et je me rends à vos raisons. Que faut-il faire ? — Je suis prêt à vous obéir.

— Écoute, mon très-cher, le ventre et l'estomac ont de tout temps exercé une influence incontestable sur le cœur et le cerveau des hommes : Hippocrate a dû dire cela.

— Je le crois.

— D'un autre côté, l'homme aime à être flatté, et il cède plus volontiers aux éloges et aux mamours qu'aux rebuffades et aux coups de poing dans les yeux.

— C'est clair comme le jour.

— Du reste, l'intérêt est la mesure des actions humaines : mon cher, n'oublie pas cela.

— Plus souvent.

— Eh bien, puisque nous sommes d'accord, voici ce qu'il faut que tu fasses immédiatement : tu vas partir pour St-Denis, où mon érésipèle m'empêche de me rendre.

— Je pars.

— Tu iras trouver Tarrantantara, et tu l'embrasseras de ma part, ce cher et bon ami. Tu t'entendras avec lui et il te présentera aux ingénieurs du port et du chemin de fer, sans oublier les conducteurs. Tu les embrasseras tous, tu les inviteras à dîner chez moi pour dimanche prochain, nous leur ferons ici une réception magnifique, et si tu peux toi même à St-Denis, tâche de t'entendre avec quelques joueurs de clarinette ou de trombonne pour organiser une petite sérénade en leur honneur ; cela leur donnera un avant goût de ce que je leur préparerai à St-Paul.

— Ainsi soit-il, dit le gros Gilles dans quelques heures je serai à St-Denis, et tu seras content de moi.

Là dessus les deux amis se séparèrent, et quelques heures après le gros Gilles arrivait à Saint-Denis. Après s'être fait buller par Tarrantantara il se présenta à l'hôtel de l'univers où il demanda à parler à M. Blondel et aux ingénieurs et conducteurs de sa suite.

Ces messieurs le reçurent naturellement avec politesse. Le gros Tabellion St-Paulois ne manque pas d'être expansif et d'une aménité pleine de grâce et de délicatesse.

Il saute au cou de M. Blondel et le presse sur son cœur, puis il embrasse M. Fleury, puis les autres. Personne ne peut échapper à sa cordiale étreinte. Quel rude embrasseur, disent les nouveaux arrivés. — Quel est cet Olybrius, demande un conducteur ? — C'est un notaire de St-Paul, conseiller général, répond M. Blondel, — un produit du suffrage universel de l'endroit. — Singulier notaire, et plus singulier conseiller général.

Cependant Me Gilles étalait devant ...
veaux arrivés, les ressources de sa vive éloquence. Il frappe sur le ventre de M. Blondel en lui disant : eh bien, mon bonhomme, je crois que ça va marcher maintenant. Avec un gaillard comme vous et les honorables ingénieurs qui vous accompagnent, je suis bien certain que la chose ne moisira pas. Dans deux ou trois ans, les navires de tous les pays arriveront à pleines voiles dans notre port, et nous roulerons en chemin de fer depuis St-Benoit jusqu'à St-Pierre. Quelle belle conception. Il a fallu des hommes comme nous pour arriver à un tel résultat. Aussi le pays nous en tient compte, je vous le certifie, et vous pouvez m'en croire moi qui m'appelle Gilles grosse Panse, Tabellion natif de St-Paul, le pays de Dayot dont j'ai décrassé la mémoire. A propos, je compte que vous prendrez chacun un exemplaire des œuvres de mon poète que je fais éditer actuellement. On s'abonne dans tous les quartiers de l'Ile, chez des individus désignés dans des journaux, et à St-Paul, partout, oui partout. Depuis le bout de l'Etang, dans toutes les cases de pêcheurs de chabots, jusqu'au fond du Bernica, vous pouvez demander partout à vous abonner aux œuvres de Dayot ; on vous abonnera, ainsi que je l'ai dit dans une annonce mémorable. Je suis très fort sur la rédaction des annonces, et quoi qu'on en dise j'enfonce le père Mariette dans ce genre de littérature.

M. Blondel et Messieurs les Ingénieurs et conducteurs, le jour de votre arrivée est un beau jour pour le pays. Nous allons vous fêter dignement, ce soir vous aurez une sérénade tout à fait dans le goût du chic, et puis je viens vous inviter de la part de l'illustre Maire de St-Paul, dont je suis, comme qui dirait, le frère siamois, à venir visiter dimanche la commune que vous allez combler de vos bienfaits. Vous accepterez, messieurs, le banquet que nous vous offrons, et vous partagerez avec nous la croute de l'amitié et le canard de la reconnaissance, le tout arrosé d'un vin généreux. Cela nous aidera à tuer le temps en attendant le commencement des travaux. Ah, ah, ah. Il faut tuer le temps, car si on ne veut pas tuer le temps, c'est le temps qui vous tue. — C'est Schakspeare qui dit cela dans le songe d'une Nuit d'été. Vous connaissez tous parfaitement Schakspeare, je suppose ? — C'est un célèbre comédien allemand qu'une vieille dame de chez nous appelait « Le chat qui expire. » — Ah, ah, ah. — Vive M. Blondel dont le noble langage nous comble d'espérance et de joie.

M. Blondel n'avait rien dit ; mais son opinion, comme celle des ingénieurs de sa suite doit être faite sur les gaillards à qui il aura affaire dans le pays.

A sept heures du soir la sérénade annoncée avait lieu sous la varangue de l'hôtel de l'univers.

Nous regrettons de ne pas pouvoir nous livrer à une description complète de cette manifestation crépusculaire qui mériterait cependant d'être connue dans tous ses détails. L'espace et le temps nous font défaut. Contentons nous d'un résumé très abrégé.

L'immense manifestation populaire se composait d'une quarantaine de personnes. Il y avait d'abord trois jeunes gens soufflant dans des instruments de cuivre, sous prétexte de faire de la musique, — puis un vice-président de la société ouvrière accompagné d'une douzaine de ses camarades — puis une quinzaine de dames de ce demi-monde qui habite le jour la rue de l'Est, et qu'on rencontre le soir dans les environs de l'Hôtel d'Europe — Enfin quelques marmailles de l'endroit qui criaient et faisaient du tapage.

Le vice-président de la société ouvrière s'avance sous la varangue de l'hôtel de l'Univers, salue M. Blondel, et lui tient à peu près ce langage :

« M. l'Ingénieur,

Vous venez dans la Colonie pour exécuter des travaux d'une grande importance et qui nécessiteront naturellement l'emploi d'un nombre considérable d'ouvriers. Au nom de la société ouvrière de Saint-Denis, qui se compose d'un marchand de chapeaux, d'un entrepreneur de voitures, de quelques petits tailleurs, d'un commis quincailler et surtout une grande quantité de typographes, je viens vous rappeler que nous sommes à votre disposition et que nous comptons bien être employés dans vos travaux afin de pouvoir participer à la distribution des millions que vous aurez à dépenser pour la construction du

Port et du chemin de fer. »

Telle fut, au fond, la harangue du vice président de la société ouvrière. M. Blondel répondit tout naturellement qu'il acceptait le concours des ouvriers indigènes, et qu'il les appellerait dès qu'il en aurait besoin. Il ferait bien, néanmoins, de ne pas renoncer à faire venir les trois mille grecs qui ont déjà été employés aux travaux de l'isthme de Suez, et qui ne demandent pas mieux de venir à Bourbon. Leur concours ne serait peut-être pas tout-à-fait inutile, surtout si l'on veut aller vite.

Les ingénieurs du Port et du chemin de fer ont dû être médiocrement satisfaits de la manifestation dont ils ont été l'objet à Saint-Denis : ce fut, en effet, un véritable fiasco. Voyons ce qui s'est passé à Saint-Paul : là M. le maire Jean de Fontrabiouse a voulu faire les choses convenablement. Plusieurs jours avant l'arrivée de ses illustres hôtes, il se rend, quoique souffrant encore, au bureau de la mairie et appelle son secrétaire intime :

— Maître Felix !

— Monsieur le maire.

— Vous savez que les ingénieurs sont arrivés à St-Denis. Nous allons leur donner une fête à St-Paul. L'illustre Tarratantara est invité. Il faut faire grandement les choses : il faut leur offrir un banquet d'honneur avec manifestation politique et musicale, et accompagnement de flûte et de trombonne. Vous serez chargé du menu.

— Je suis aux ordres de M. le Maire.

— Oui ! mais maitre Félix, il ne suffit pas de s'occuper de la mangeaille, il faut aussi donner vos soins à la partie morale et intellectuelle de l'opération, je voudrais proposer un toast en l'honneur de celui qui a été au nom de la commune chercher nos ingénieurs en France.

— C'est juste.

— Composez-moi quelque chose de bien senti et mêlez adroitement l'éloge de notre ambassadeur St-Paulois à celui de l'ingénieur en chef.

— Très bien ! je vois cela. Voici ce que vous pourriez dire :

« Messieurs et mesdames, je lève mon verre (style de St-Philippe) pour vous proposer de boire à la santé de l'homme éminent qui « d'ordre et pour compte » de la commune de St-Paul, a été chercher dans la métropole, l'archange du génie qui va couvrir de sa « blonde aile » notre entreprise du port de la Pointe des Galets, et du chemin de fer de ceinture qui va centraliser le mouvement commercial au nez et à la barbe de St-Paul ! voilà.

— Maitre Félix, il faut modifier ce speech là. Je ne l'aime pas. L'expression « d'ordre et pour compte » sent trop l'agent de change détroqué, et puis avec votre calembourg de blonde aile, faisant allusion à M. Blondel, vous avez l'air de donner le genre féminin à cet honorable ingénieur. Il ne faut pas, maitre Félix, toujours chercher à insinuer que vous êtes malin et que vous avez de l'esprit, vous finirez par prouver que vous êtes un benêt. Vous changerez cela.

— C'est bien monsieur le maire, occupons-nous du menu.

— Parfaitement ! vous donnerez des ordres dans toutes les directions de la commune pour faire arriver chez moi la quantité la plus considérable d'anguilles, camarons, lièvres, merles et autres gibiers généralement quelconque : vous ferez pêcher dans la partie réservée de l'étang.

— Monsieur le maire, la chasse n'est pas ouverte et on ne pêche dans le reservoir de l'étang que la veille du vendredi saint.

— Maître Félix, vous êtes un naïf : ne savez vous pas que les cas de force majeure sont toujours exceptés par la loi !

— Parfaitement, monsieur le maire. Les lois sont des fils d'araignées qui arrêtent les petites mouches, et laissent passer les oiseaux plus gros. C'est monsieur le docteur Vinson qui dit cela dans son histoire des araignées, et il l'a pris lui-même dans un journal grec qui s'imprimait à Athènes du temps de Périclès. Ce qui veut dire que pendant que M. le Maire chasse et pêche en toute sécurité malgré les lois et ordonnances, s'il arrive à un pauvre créole, qui a besoin de faire vivre sa famille, de prendre un mulet dans le reservoir, ou une pièce de gibier dans les bois du domaine, on le fourre démocratiquement en prison pour sauvegarder les grands principes de l'égalité républicaine.

— M. Félix votre citation est impertinente

sous bien des rapports. D'abord me prenez-vous pour un gros oiseau.

— Ah ! M. le maire, je ne me permets pas les mauvaises plaisanteries de ces polissons qui vous trouvent de la ressemblance avec des palmipèdes quelconques.

— C'est bien ! mais où diable avez-vous pris qu'il y avait des journaux à Athènes avant l'invention de l'imprimerie ? Vous paraissez être en chronologie et en histoire de la force du citoyen Thomy du « Moniteur, » surnommé maître Nasillardo ou l'avocat sans cause, lequel attribue à Saint-Augustin l'aventure arrivée sur le chemin de Damas au grand St-Paul le patron de notre commune.

— C'est fameux M. le Maire ; mais il faut croire que M. Nasillardo a fait cette boulette, poussé par la colère qu'il éprouve contre votre commune dont il veut rabaisser la gloire, depuis qu'il a été blackboulé et poursuivi à coups de mottes de sable par les électeurs de l'Etang.

— Laissons ce farceur de côté, et allons nous occuper de nos affaires, c'est-à-dire du gala que nous offrirons à notre illustre hôte de Jimpache.

Le repas fut splendide. Le maire Pingoin en fit les honneurs avec cette délicatesse et cette grâce charmante qui le distinguent. Nous n'en ferons pas une description qui entraînerait trop loin. On remarqua que le citoyen Tartatantara qui est chez lui d'une sobriété de spartiate, devient un brillant coup de fourchette quand il dîne chez ses amis.

On porta des toasts nombreux à tort et à travers dans un style ébouriffant. « Le Nouveau Salazien » s'est bien gardé de les reproduire, comme il ne dit mot de cette fête dont on s'attendait cependant à trouver la relation dans ses colonnes.

Pourquoi ce silence ? — On ne sait. Le citoyen Pingouin et son ami Tarratantara n'ont pas soufflé mot de M. de Mahy et de sa candidature. Est-ce qu'ils seraient en délicatesse avec notre ex-député ? Ils attendent peut-être les événements pour acclamer celui qui sera vainqueur. — Qui sait ce que l'avenir nous garde ? Nous verrons peut-être un jour nos grands républicains du cru, crier à tue-tête : Vive le Roi ou vive l'Empereur !

Après le repas, le clairon retentit à la porte de la demeure de M. le Maire. C'était le signal convenu. Une foule considérable accourut. Il était environ huit heures du soir. La devanture de la maison du maire, où se donnait le repas était illuminée, ainsi que le majestueux portail qui donne sur la rue. 11 bougies avaient été achetées chez l'épicier : on en avait coupé dix en deux et une était restée entière ce qui faisait en tout vingt et une lumière, ainsi que nous l'a affirmé un témoin oculaire.

Quand la foule fut arrivée sous la varangue, la musique de la milice fit retentir les airs des accords les plus mélodieux : alors les convives se levèrent de table et se présentèrent devant les manifestants qui les accueillirent par les acclamations les plus enthousiastes. Un ancien préposé des douanes, cassé aux gages depuis quelque temps, prit la parole et harangua M. Blondel pour lui rappeler qu'il ne devait pas oublier d'employer les ouvriers créoles dans l'exécution des travaux du port et du chemin de fer. L'honorable Ingénieur répondit comme il avait répondu à St-Denis au vice président de la société ouvrière, qu'il ne demandait pas mieux d'accepter le concours des ouvriers indigènes, et qu'il leur donnerait même la préférence. Cette promesse très facile à faire, combla d'aise les principaux membres de la démocratie St-Pauloise qui se mirent à crier : vive le port et le chemin de fer.

Alors le maire Pingouin et son éminent ami Taratantara prirent successivement la parole. Nous regrettons de ne pas pouvoir reproduire ces discours que, par modestie sans doute, les auteurs n'ont pas jugé à propos de communiquer aux journaux.

Un de nos amis qui assistaient à la fête, nous a donné les renseignements suivants que nous nous empressons de communiquer à nos lecteurs:

« Hier dimanche a eu lieu à St-Paul, la manifestation en l'honneur des ingénieurs du port et du chemin de fer. Noces de Gamache chez notre éminent maire. On a péroré, péroré, péroré. Le Taratantara n'a pas perdu l'occasion d'ouvrir un large bec, pour montrer sa belle voix. Il a d'abord fait l'éloge de lui-même, puis celui de son ami le maire, puis celui de M. Benoit d'Azy et enfin celui de l'ancien ministre des finances M. Léon Say. Tous ces gens là ont eu le bon esprit de subir l'influence de Tararatantara qui a bien fait, morbleu, de se rendre à Versailles, car sans lui tout était perdu dans la question du port et du chemin de fer.

« L'orateur a regretté d'être enrhumé depuis quelques jours, car il aurait désiré faire entendre sa voix à tous ses amis et à tous ses ennemis. Le fait est qu'on l'entendait au fond du Bernica, c'est-à-dire à près d'un kilomètre. Mais quand on dit de bonnes choses, on ne saurait parler trop fort. — L'ambassadeur St Paulois, sous-délégué de M. le Maire, qui a pris en parlant le titre de président du conseil général, et qui d'après la « Gazette du Midi » l'a conservé jusqu'à son retour, n'a pas manqué d'insinuer qu'il avait bien mérité de St-Paul et qu'il comptait bien être récompensé un jour par un siège au Sénat ou à la chambre des députés ; il partirait volontiers avec son ami le maire pour remplacer Lasserve et de Mahy.

« De ces deux représentants, il a peu ou point été question dans les discours de ces messieurs, — sauf cette phrase de Tararatantara : « vos représentants aussi ont agi » Après cela plus mot. C'est le président perpétuel du conseil général, gardant ce titre quand il est remplacé depuis longtemps, — qui a tout fait ; tout, tout, tout.

« Cependant ceux qui ont approché M. Blondel tiennent positivement de cet ingénieur qui est bien informé, que le vote de la chambre est dû à l'influence seule du nom de M. Lavalley, ce que tout le monde sait, et que c'est M. de Mahy qui a présenté M. Pallu de la Barrière à M. Lavalley, et a décidé celui-ci à s'intéresser à son projet. C'est donc à M. de Mahy et à M. de Mahy surtout qu'on devrait le port. Voilà ce qu'on peut avancer. »

Pour terminer la fête dont nous n'avons pu donner qu'une idée bien imparfaite, les patriotes St-Paulois, ont eu l'idée de se promener, toute la soirée dans les rues de St-Paul, musique en tête, et vociférant de temps en temps des cris qui étaient bien de nature à troubler le repos public. On ne nous dit pas si la police a verbalisé pour délit et tapage nocturne.

Maintenant pour en finir, demandons nous ce qui reste de tout ce charivari là ? — Aurons-nous un port ? — où et quand ? —

Il paraît que les ingénieurs affirment que le port sera fait à la Pointe des Galets. Que les travaux commenceront au premier avril prochain et que tout sera terminé dans quatre ans : que même dans dix-huit mois les travaux du port seront assez avancés pour qu'on puisse faire entrer un navire.

Voilà ce que l'on dit. Il est évident que c'est une immense blague et que les travaux ne seront probablement pas commencés dans 18 mois. La raison en est simple et se trouve dans la nécessité de suivre la procédure légale exigée en pareille matière. Expliquons-nous.

Les ingénieurs sont arrivés : ils vont se livrer à des études. Il faut faire le projet définitif. Tout le monde s'accorde à dire que ce travail préparatoire prendra toute une année. Il faut faire, en effet, le tracé du chemin de fer de St-Benoît à St-Pierre, les ponts, remblais, tunnels, etc. Il faut faire les études pour le creusement du port. Quid ? s'il se présente des difficultés insurmontables qu'on ne prévoyait pas ? — mais non ! tout ira bien, et dans un an le projet définitif sera parachevé. Il faudra alors le présenter à l'administration locale qui le fera étudier par une commission spéciale. — Où prendra-t-on les membres de cette commission chargée d'examiner un pareil travail ? — mettons qu'on les trouvera : ils prendront du temps pour faire leur rapport. Ce rapport fait, la commission réunira le conseil général. Voilà le chiendent ! on discutera dans tous les sens. Il y a des conseillers généraux qui veulent le port à St-Denis ; d'autres qui le voudront à St-Pierre ; d'autres qui pensent que le port de la Pointe des Galets fera la fortune de St-Paul. Ces derniers sont bien certainement les plus naïfs de tous. — On comprend que tout ce monde là aura bien de la peine à se mettre d'accord. On se prendra aux cheveux. La session durera très longtemps — mettons qu'il faudra six mois pour les rapports des commissions, et la session du conseil général. Nous voilà déjà à dix-huit mois. Total vingt-deux mois avant qu'on puisse expédier le projet définitif au ministre.

Là commence une nouvelle série de formalités. Le gouverneur en conseil privé examine tout ce qui a été taillé, coupé, tranché, arrangé et accepté par le conseil général. Il fait son envoi au ministre. Voyage, aller et retour. Le ministre reçoit le paquet de la colonie, il a d'autres chats à fouetter, cependant il s'occupe activement de la chose, mais non pas sans y mettre son temps. La question est soumise à la commission des travaux publics qui ne travaille pas à la vapeur. Cette commission acceptera-t-elle purement et simplement le projet venu de Bourbon, ou bien demandera-t-elle de nouvelles études et des renseignements supplémentaires. Dans cette dernière hypothèse nous pourrions bien être ajournés aux calendes grecques. Mais non ! supposons que tout se passe pour le mieux, le nom de M. Lavalley lèvera toutes les difficultés. C'est bien, mais encore, en admettant toutes ces chances favorables, il est impossible, d'après tout ce que nous venons de dire, que les travaux du port soient régulièrement commencés avant deux ou trois ans, et si les ingénieurs et les entrepreneurs ont pris un délai fixe de quatre ou cinq ans pour faire le port et le chemin de fer, ce délai ne peut évidemment courir qu'à partir du jour où le projet définitif aura été légalement accepté, et où régulièrement commencent les travaux.

Il est bon d'expliquer tout ce que nous venons

de dire aux personnes qu'on égare, en leur faisant accroire, je ne sais dans quel but, qu'ils pourront se rendre, l'année prochaine, en chemin de fer, jusqu'au port de la Pointe des Galets, et que cette petite promenade ne durera pas plus de 25 minutes. Tout cela n'a rien de sérieux.

—o—

ÉLECTION DU 13 NOVEMBRE

—o—

C'est le 13 novembre prochain que les électeurs de la colonie sont convoqués, à l'effet d'élire un député à la chambre.

Jusqu'au dernier moment, on avait pensé que M. de Mahy serait seul candidat ; il aurait couru seul sur le turf électoral, il n'aurait pas eu de peine à remporter la victoire. Mais voilà que tout à coup, on voit surgir une nouvelle candidature qui se presente aux électeurs avec cette profession de foi trappée au bon coin : — quel est le nouvel adversaire, cet inconnu qui se demande à représenter son pays, ce qui s'appelle le servir avec loyauté et dévouement ?

C'est M. P. Gasté, créole comme M. de Mahy, comme lui, publiciste comme lui, mais sans l'éclat qu'il est conservateur, partisan de la république modérée, et qu'il ne s'accorde en rien tre gauche si on lui fait l'honneur de le nommer député ; tandis que M. de Mahy, comme tout le monde le sait, a toutes ses sympathies pour le citoyen Léon Gambetta qui siège à l'extrême gauche et veut actuellement renvoyer le maréchal, président de la république, pour se mettre modestement à sa place. M. P. Conil explique tout simplement cette position aux électeurs de la Réunion, et il leur dit : choisissez !

Voilà une prétention bien impertinente, disent alors sur tous les tons de la gamme, les démocrates démocratisant, qui démocratisent de leur singulière démocratie tous les échos de la presse démocratique de notre colonie modèle ! — Quoi ! le pays n'est-il plus à nous ? l'opinion publique n'est-elle plus notre propriété exclusive, et peut-on avouer d'autre patriotisme colonial que notre patriotisme à nous ?

— Permettez, messieurs, il ne faut pas tout accaparer. L'opinion publique dans la colonie, est la somme des opinions de tous les êtres humains qui vivent sur le sol colonial, — vous ne pouvez pas en bonne démocratie, contester cela, — eh bien, vous dira le premier conservateur venu :

J'ai mon cœur humain moi, et la vie que je mène, Quand le diable y serait, est une vie humaine.

J'ai donc le droit de vous dire que je n'entends pas le patriotisme de la même façon que vous, et que dans mon opinion qui est aussi respectable que la vôtre, je n'admets pas que notre colonie soit radicale, et par conséquent je trouve singulièrement absurde de la faire représenter par un citoyen de l'extrême gauche, quand nous avons sous la main un candidat, républicain conservateur qui demande vos suffrages.

Remarquez, citoyen, que je ne vous dis pas de mal de votre candidat M. de Mahy. Je reconnais que c'est un bon garçon ; qu'il a rendu de grands services à beaucoup d'entre vous, à qui il a fait obtenir de très bonnes places ; qu'il a promis d'en rendre encore. C'est très bien, mais cela ne suffit pas pour créer à son profit le droit d'être député à perpétuité.

Bon, direz-vous, mais M. de Mahy a, devant les conservateurs le mérite d'avoir toujours été le partisan de M. Thiers qui a dit et répété : « la république sera conservatrice ou ne sera pas. » C'est quelque chose cela. Sans doute. N'examinons pas la question de savoir si M. Thiers aurait répété son fameux mot, que vous venez de rappeler, après avoir contracté sa dernière alliance avec le citoyen Gambetta, qu'il avait d'abord traité de fou furieux, et qu'il a fini par accepter pour son héritier présomptif. L'illustre défunt était quelque peu changeant dans ses opinions ; mais n'importe, le patronage de M. Thiers est un excellent patronage et s'en prévaut pour M. de Mahy ; mais pour M. P. Cunit donc, est-ce que M. P. Cunit n'a pas été à peu près élevé par M. Thiers qui était le camarade de collège et l'ami intime de son père ? — nous croyons même que M. Thiers est son parrain. Dans tous les cas, l'illustre défunt était bien le parrain de la sœur de M. P. Conil que nous avons l'honneur de connaître.

Une discussion complète sur le mérite de chacun des deux candidats qui briguent les suffrages des électeurs de la colonie pour le mandat de député, nous entraînerait beaucoup trop loin. Nous nous contenterons d'analyser rapidement un numéro du « Moniteur » qui nous tombe par hasard sous les yeux. C'est celui du 27 novembre 1877. Il montre de la façon la plus frappante l'étonnante faiblesse des amis de M. de Mahy dans leurs attaques contre M. P. Conil. Le résultat produit est que les hommes sérieux se mettent du côté de ce dernier, tant il est vrai de dire qu'un sage ennemi, vaut mieux qu'un maladroit ami. Dans la circonstance qui nous occupe, l'ami maladroit de M. de Mahy étant l'ennemi encore plus maladroit de M. Conil, il se trouve que ce dernier est à l'abri de tous les coups qu'on veut lui porter, lesquels retombent sur son adversaire qu'on croyait servir.

Il est facile de prouver ce que nous venons de dire. Ouvrons les colonnes du « Moniteur » cité plus haut.

Nous tombons d'abord sur un article enthousiaste dû à l'imagination vagabonde du grand Tambour major de la démocratie coloniale. Le rédacteur en chef du « Moniteur » lui a cédé la première place. A tout seigneur tout honneur. L'adoration du veau d'or date des temps bibliques, et si le Patriarche du Bois Rouge n'éfait pas un grand propriétaire réputé très-généreux, il est probable que ses élucubrations politiques et littéraires ne prendraient pas la place des articles éditoriaux du « Moniteur. »

Mais passons sur ce point, et demandons-nous ce que réclame l'honorable M. A. Bellier. Il le dit lui-même dans un paragraphe que nous voulons servir textuellement à nos lecteurs, comme modèle de genre.

Après avoir pris Dieu à témoin qu'il n'avait pas l'intention d'encombrer de sa prose éminemment fantaisiste les colonnes du « Moniteur, » le grand patriote s'écrie :

« Mais en présence du 8e paragraphe de la circulaire du 25 octobre adressée par M. le Directeur de l'Intérieur à MM. les maires sur la nature des idées et des sentiments avec lesquels les fonctionnaires de la colonie doivent se préparer au scrutin, il ne m'est plus possible, « matériellement » de garder le silence, ma plume s'agite d'elle-même sur mon bureau, et si elle était chargée de poudre, elle partirait toute seule, comme devaient partir les chassepots, en face du drapeau blanc, suivant la « craïe » expression du maréchal de Mac-Mahon. »

Si M. Adrien Bellier éprouve une semblable émotion à la lecture de la circulaire dont il parle, ses médecins devraient lui interdire la lecture des documents qui se publient dans la métropole sur le même sujet : évidemment une circulaire du ministère de l'intérieur provoquerait chez lui une attaque d'apoplexie.

Mais enfin, pourquoi toutes ces exagérations de rhétorique ? — Parce que l'administration a cru devoir prévenir ses fonctionnaires que tout en gardant la liberté de leur vote, ils devaient s'abstenir de faire échec au gouvernement qu'ils ont consenti à servir ! — Je voudrais bien savoir ce que M. Adrien Bellier ferait à un de ses employés, régisseur ou engagé, qui se permettrait de faire des actes d'hostilité contre lui.

Mais il s'agit de l'administration et M. Adrien Bellier donne le conseil aux fonctionnaires grands et petits de se moquer des avis de leur chef direct, et de faire de la candidature officielle en faveur de M. de Mahy, comme la chose s'est déjà pratiquée en 1876 d'après ce qu'il raconte.

La fin de l'article de M. Adrien Bellier ne veut pas dire autre chose, nous y renvoyons le lecteur en nous contentant de faire observer que cette tartine littéraire est en définitive une de ces pâtisseries vulgairement appelée brioche qui ne peut que nuire à M. de Mahy.

Passons aux bouffonneries du citoyen Thomy Lahuppe, qui s'est imaginé naïvement qu'il lui appartenait de faire de l'esprit aux dépens de M. F. Cazal, lequel est sans contredit une autre plôturie que lui, et le mettrait facilement dans sa poche s'il voulait s'en donner la peine.

Or le citoyen Thomy produit un article de 5 ou 6 colonnes pour tomber M. Cazal. Il s'y prend d'une singulière façon. Nous avions vu des choses bien extravagantes publiées souvent dans le « Moniteur » avec la signature du citoyen Thomy ; mais aujourd'hui, c'est trop fort. Écoutez :

« Il nous suffit de constater ce qui est l'évènement du jour : M. Conil éclairé sur la route de Salazie «comme St-Augustin sur le chemin de Damas» a entendu une voix d'en haut qui lui disait de sauver la Colonie et la France de l'invasion des radicaux ; Cette voix ajoutait, que le maréchal avait besoin de lui, et un ange invisible lui montrait, pour le guider vers la victoire, un drapeau sur lequel il pouvait lire ces mots prophétiques : in hoc signo vinces. »

Franchement, doit-on se permettre d'imprimer de semblables balivernes dans un journal sérieux ?

Que signifie cet absurde galimatias de Saint-Augustin éclairé sur la route de Damas, où il n'a jamais eu la vision de St-Paul qui vivait trois siècles avant lui, et ce miracle de la croix de Constantin qui arrive là, on ne sait réellement pas pourquoi ? — M. Thomy Lahuppe veut faire de l'esprit en se montrant érudit. N'a-t-il pas à côté de lui un ami charitable pour l'éclairer en lui disant de renoncer à une voie, où il ne rencontrera jamais que le ridicule.

L'éreintement qu'il prétend adresser à M. Pierre Conil se compose de neuf chapitres plus extraordinaires les uns que les autres, que nous ne croyons ni honnête, ni convenable de faire connaître textuellement à des électeurs que nous devons respecter. Quelques observations générales suffisent pour donner une idée de la force de cette argumentation phénoménale.

M. Thomy Lahuppe demande à M. Conil quels sont ses droits pour briguer le mandat de député?

M. Conil est créole, homme de talent, journaliste distingué. M. de Mahy avait-il plus de titres quand il s'est présenté pour la première fois à la députation ? — Et puis M. Thomy Lahuppe oublie qu'il a dit quelque part que « le Journalisme était l'antichambre de la chambre des députés. » — Cela est vrai quelquefois, mais pas toujours : cela dépend des journalistes. Cela a été vrai pour M. de Mahy, cela pourra être vrai pour M. Conil ; — M. Thomy Lahuppe croit peut-être que cela pourra être aussi vrai pour lui-même, nous ne le pensons pas : il faudrait être plus fort sur l'histoire de St-Paul. Ah ! ce nom de Saint-Paul est fait pour porter malheur à M. Thomy Lahuppe. — C'est dans la commune de St-Paul qu'il a été blackboulé aux dernières élections du Conseil général : c'est par les électeurs du bout de l'Etang de St-Paul qu'il a été régalé d'une suite de Grenoble qui ne lui présage rien de bon pour son avenir politique. C'est dans cette occasion qu'il a découvert, par expérience personnelle, qu'on pouvait chanter à un candidat malheureux ce refrain de la favorita :

Qu'il reste seul... etc.

Mais M. Thomy Lahuppe a tort d'appliquer cela à M. Conil — il ne restera pas seul.

Non, M. Conil ne restera pas seul sur le carreau électoral, et l'événement prouvera bientôt que M. Thomy Lahuppe qui se croit sorcier, peut voir quelquefois sa perspicacité mise en défaut. En faisant appel aux 22,000 abstentionnistes qui n'ont jamais voulu voter pour M. de Mahy, M. Conil n'est pas devenu pour cela, comme le dit le rédacteur du « Moniteur, » le candidat des impuissants, des invalides, des ignorants et voir même des morts. Il n'appartient pas à M. Thomy Lahuppe dont nous connaissons la force, de parler des ignorants et des impuissants avec cette outrecuidance qui fait réellement hausser les épaules à tout le monde.

Pour en finir avec les critiques de M. Thomy Lahuppe, signalons encore quelques points de son factum contre M. Conil, le public jugera :

M. Conil affirme dans sa profession de foi qu'il n'est pas candidat officiel. M. Thomy Lahuppe consacre longuement le sixième chapitre de son article pour lui demander de quel droit il s'autorise du nom du maréchal dans sa profession de foi. — Mais peut lui répondre M. Conil, je vous ai dit que je ne suis pas candidat officiel, pourquoi donc me demandez-vous de quel droit je m'autorise du nom du maréchal ? — D'un autre côté M. Thomy Lahuppe cherche à prouver dans un autre chapitre que M. Conil est candidat officiel. — Puis il rapporte un fait qui prouve qu'il ne l'est pas, en racontant je ne sais quelle promenade à Salazie où M. Conil aurait d'abord employé des agents forestiers comme courtiers d'élection. — Mais selon M. Lahuppe ces agents auraient été rappelés à St-Denis : ce qui prouve que d'un autre côté la candidature de M. Conil avait l'attache de l'administration, et que de l'autre elle ne l'avait pas! — M. T. Lahuppe ne pourrait-il pas chercher à se mettre d'accord avec lui-même? — Quoiqu'il en soit, sa façon de combattre la candidature de M. Conil nous parait très-plaisante. M'est avis que si le candidat du parti conservateur n'avait à combattre que des adversaires de la trempe du rédacteur et des collaborateurs du « Moniteur, » il n'aurait pour se défendre qu'à envoyer partout les articles de ses adversaires.

Attendons la malle! Elle arrivera à la veille des élections du 18 novembre et nous apprendrons peut-être des nouvelles qui modifieront profondément les chances des candidats.

Maintenant si vous me demandiez si je crois au succès de M. Conil, je répondrais que la raison n'a pas toujours raison, et qu'il peut bien se faire que le pays qui est conservateur, continue à se faire représenter par un député radical.

Saint-Denis, le 14 novembre 1877.

V. G.

www.ingramcontent.com/pod-product-compliance
Lightning Source LLC
Chambersburg PA
CBHW061015050426
42453CB00009B/1452